# White Dresses
## Vestes Brancas

### Monica Septimio

Vana and Momo lived with their parents, Linda and Al, in a very small town that was called Sunville. It was named Sunville because even in the winter it was always sunny. Its climate was perfect for growing crops all year round. In Sunville, all the inhabitants of the town knew each other. This small town had very few places to go. It had one park, one supermarket, one school, one pharmacy, and one dye shop.

Most of the residents worked in agriculture, but the most common business was planting sunflowers. People came from afar to buy sunflowers, and the sunflowers were also exported to various places. Whenever they finished a great harvest, the residents gathered in the great Garden of Colors to eat together at a great banquet where they celebrated, giving thanks to God, united like a great family.

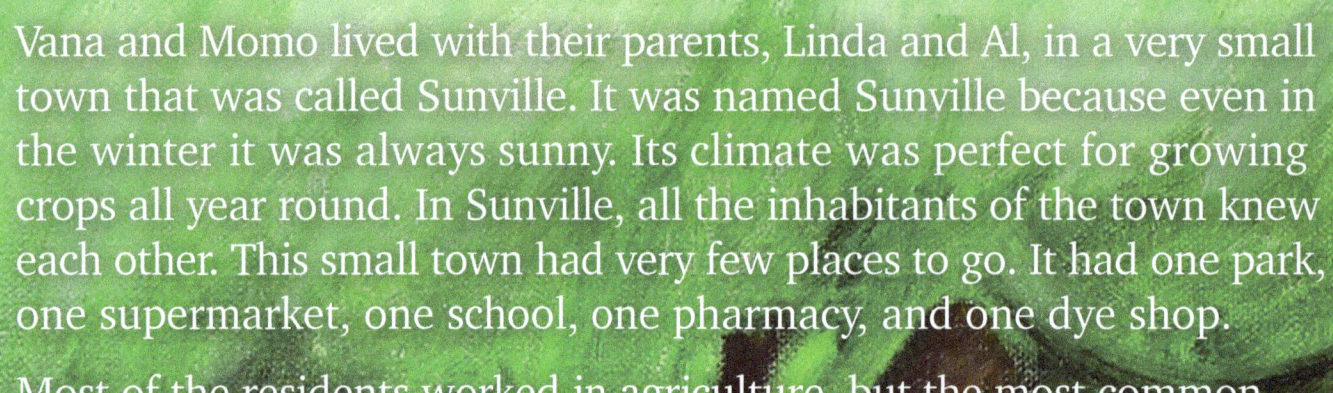

Vana e Momo viviam com seus pais, Linda e Al, em uma cidade bem pequena que se chamava Cidade do Sol. Foi nomeada assim porque por mais que fosse inverno sempre era ensolarada, e seu clima era perfeito para a agricultura o ano inteiro. Na Cidade do Sol todos os habitantes se conheciam. Esta por ser muito pequena tinha poucos lugares para ir: um parque, um supermercado, uma escola, uma farmácia, uma tinturaria.

A maioria dos moradores trabalhavam com agricultura, mas o comércio mais comum era o plantio de girassóis. Pessoas vinham de longe comprar girassóis, que também eram exportados à vários lugares. Sempre que eles terminavam uma grande colheita, os moradores se reuniam no grande Jardim das Cores em um grande banquete para comerem e celebrar, dando graças a Deus unidos como em uma grande família.

Another beautiful custom that the inhabitants of Sunville had was that on one of the hottest Sundays of the year, they would go out in the night to the middle of a field, taking the children and teaching them to collect fireflies. Later, at the end of the night, they would open their jars to release the fireflies. They all released the fireflies at the same time when Lord Immanuel gave the sign. It looked like the stars had come down to Earth and that they were finally returning to heaven. They called these days starry days.

Outro lindo costume dos habitantes da Cidade do Sol, era nos domingos mais quentes eles saíam à noite no meio de um campo e levavam as crianças ensinado-as a coletar vagalumes. Já no final da noite todos juntos abrindo os seus potes soltavam os vagalumes todos juntos em uma só vez ao sinal do Senhor Emanuel. Parecia que as estrelas tinham descido para a Terra e estavam finalmente voltando para o céus. Eles chamavam esses dias de dias estrelados.

The town had many sunflower fields, so the owner of the dye shop, Lord Immanuel, made the Garden of Colors. He was the founder of the town, the mayor, the judge, and the advisor. He was respected and admired because Sunville's inhabitants knew that he was as a man without flaws. He was a role model for everyone, and people found him inspiring.

Because of its beauty, people from nearby towns often visited the Garden of Colors. It was a great and beautiful garden with different types of flowers. It was wonderful to see that every day there was an area of the garden with newly blossomed flowers with different colors. It was in this garden that the community gathered to celebrate most of the feasts. This garden attracted a lot of attention for its beauty, and it was Vana and Momo's favorite place. They would play in this garden all week, except on Saturday when they would help their mother to do chores at home and on Sunday when they went to church to thank God for all He had given them. They spent the rest of Sunday together with their family.

Esta cidade tinha muitos campos de girassóis, por isso o dono da tinturaria Senhor Emanuel construiu o Jardim das Cores. Ele, que também foi o fundador desta cidade, o prefeito, o juiz e o conselheiro. Era respeitado e admirado por ser conhecido como um homem sem defeitos pelos habitantes da cidade do sol. Ele também era um bom exemplo de tudo, e nele as pessoas encontravam inspiração.

Por sua beleza, habitantes de outras cidades vizinhas visitavam o Jardim das Cores. Um grande e lindo jardim com diferentes tipos de flores. Era maravilhoso ver que todos os dias havia uma área do jardim com flores recém florescidas com cores diferentes. E era neste jardim que era celebrado a maioria das festas da comunidade. Esse jardim chamava muita atenção por sua beleza, e era o lugar favorito de Vana e Momo. Elas brincavam neste jardim durante toda a semana, exceto no sábado quando ajudavam sua mãe nas tarefas de casa, e domingo quando iam à igreja agradecer a Deus por tudo que Ele já havia dado. Depois passavam o resto do domingo com a família reunida.

Something very interesting about the two sisters from Sunville was that all of their dresses were the same. Of course, they wore different sizes because they were different ages, but all of their dresses were completely and absolutely white, very white! When they were playing in the Garden of Colors, their dresses would draw Lord Immanuel's attention because of the contrast they would make with the flowers. White dresses, extremely white dresses! But these dresses also drew attention because white is the color that can most easily be dirtied. The girls always tried to keep clean and their dresses did not have any stains.

Algo muito interessante sobre as duas irmãs da Cidade do Sol era que todos os seus vestidos eram brancos. Certamente vestinham tamanhos diferentes por causa da diferença de idade, mas todos os vestidos eram completamente e absolutamente brancos, branquíssimos! Quando elas estavam brincando no Jardim das Cores, seus vestidos chamavam a atenção do Senhor Emanuel por causa do contraste que faziam com as flores. Vestidos brancos, branquíssimos! Mas também porque o branco é a cor que facilmente suja. Então elas tratavam sempre estarem limpas e seus vestidos não tinham manchas.

Vana was four years older than Momo. Vana was born in the month of July, and she was eleven years old. Momo was born in January, and she was seven years old. Vana had caramel eyes and dark brown hair while Momo looked like a sunflower with yellow hair and eyes that were as green as leaves. Vana would call Momo "my sunflower" and Momo would call her sister "my caramel" in return.

They fought like all siblings do, but the two were inseparable. They did everything together. Their friendship was beautiful. Their father Al worked raising cows. He was the only one selling milk in the town. His wife Linda was a seamstress, the only one in town. Linda made beautiful dresses for her daughters, and for every dress she would stitch for Vana, she would make the same one for Momo.

Vana era quatro anos mais velha que Momo. Ela nasceu no mês de julho, e tinha onze anos de idade. Momo nasceu em janeiro e tinha sete anos. Vana tinha olhos e cabelos de cor caramelo enquanto Momo parecia um girassol por seu cabelo amarelo e os olhos verdes como folhas. Vana chamava Momo:

– "Meu girassol."

E Momo dizia de volta a sua irmã:

– "Meu caramelo."

Elas brigavam como todos irmãos brigam, mas elas eram inseparáveis. Faziam tudo juntas. Era linda a amizade delas. Al, o pai delas, trabalhava criando vacas. Ele era o único que vendia leite na cidade. Linda, sua esposa Linda, era costureira, a única da cidade. Linda fazia para suas filhas lindos vestidos, e todos vestidos que ela costurava para Vana ela fazia um do mesmo para Momo.

Vana and Momo had a Monday through Friday routine. They would get up, make their beds, get dressed, have breakfast, and then go to school. Returning from school, they would have lunch, help their mother with household chores, and do their homework before going to their favorite place, the Garden of Colors. Many other children also joined to play in this garden, but it was almost a tradition for the two sisters to go there. After returning home, they showered, put on their pajamas, dined with their parents, and helped their mother with the dishes. Following all of this, they would sit on the porch of the house praying, thanking God for all the things they had experienced that day. When it rained, the family would stay in the living room instead of sitting on the porch. After that, they went to sleep. Life in that town was very calm and peaceful.

Vana e Momo tinha uma rotina de segunda a sexta-feira. Elas se levantavam, arrumavam suas cama, se vestiam, tomavam seu café da manhã, e depois iam para a escola. Voltando da escola, elas almoçavam, ajudavam a mãe com as tarefas de casa, faziam seus deveres da escola, e depois iam para o lugar favorito delas, O Jardim das Cores. Muitas outras crianças se juntavam também para brincar nesse jardim, mas era quase que como uma tradição para as duas irmãs irem lá. Depois que voltavam para casa elas tomavam banho, colocavam seus pijamas, jantavam com seus pais, ajudavam sua mãe com as louças. Depois de tudo isso, se sentavam na varanda da casa para orar agradecendo a Deus por toda as coisas que tinham vivido naquele dia. Quando chovia, a familia se reunia na sala, em vez de ficar sentada na varanda. Depois disso, iam dormir. A vida naquela cidade era bem pacata e de muita paz.

One day, when Vana and Momo arrived home they found a great surprise! Al had come home with a beautiful black poodle. They didn't know what to say, they were so happy about it. They decided to name the poodle Godofredo. Sometimes Vana and Momo would take Godofredo to the Garden of Colors. They were not always allowed to take him in with them because Godofredo's hair would get so many burrs from the plants. He would also dig holes and sometimes destroy several flowers. Every single time Godofredo would go near the white flowers, he would pee on them, always and only on the white flowers. Momo said to Vana, "Why always and only on the white flowers?" Vana replied, "I think he does not like anything in this garden to be whiter than our dresses!" They both smiled.

Um certo dia, quando Vana e Momo chegaram em casa e tiveram uma grande surpresa! Al chegou em casa com um lindo poodle preto. Elas ficaram sem reação de tão felizes. Elas lhe deram o nome de Godofredo. As vezes, Vana e Momo levavam Godfredo ao Jardim das Cores. Elas nem sempre tinham permissão para leválo com elas, porque o pêlo dele enchia de carrapicho. Ele também cavava buracos, e às vezes destruiria várias flores. Toda vez que Godofredo chegava perto das flores brancas, ele fazia xixi nelas. Sempre e somente nas flores brancas. Momo disse para Vana:

– "Por que sempre e somente nas flores brancas?"

E Vana respondeu:

– "Eu acho que ele não gosta que tenha nada mais branco neste jardim que nossos vestidos!" – As duas sorriram.

One day, Vana and Momo went to play in the Garden of Colors as usual. At the end of the day, when it was almost time for them to go home, they noticed something unusual that caught their attention. A shrub that had once been full of flowers was now full of red berries.

Vana and Momo went closer to the shrub, curious about these berries. Approaching the shrub, they recognized the berries—they were the same kind as ones their mother had bought once or twice before, and the girls also remembered that they were delicious. To be sure, they took the berries home to ask their parents if the berries that had just appeared in the Garden of Colors were really edible.

The sisters felt sad as they arrived at home because they realized the berries were delicious and they had only brought two berries home with them. That night they could not sleep, thinking about the berries. When they slept, they dreamed of sitting on a mountain eating them.

Um dia, Vana e Momo como de costume foram brincar no Jardim das Cores. Aconteceu que no final do dia, já quase na hora delas irem para casa, elas notaram algo incomum que chamou a atenção delas. Um arbusto que outro dia estava repleto de flores agora estava cheio de frutinhas vermelhas.

Vana e Momo aproximaram-se do arbusto, curiosas sobre as frutinhas. E se aproximando do arbusto, reconheceram as frutinhas—pois a mãe delas já havia comprado uma ou duas vezes antes, e também se lembraram que eram deliciosas. Porém para terem certeza, levaram duas frutas para casa para perguntar a seus pais se realmente eram comestíveies as tais frutinha que acabaram de aparecer no Jardim das Cores.

Eles chegaram em casa tristes, percebendo que as frutas estavam deliciosas e só haviam trazido duas. Naquela noite elas não conseguiram dormir pensando nas frutinhas. Quando eles dormiram, elas sonharam que estavam sentadas em uma montanha comendo delas.

Before leaving for school, Vana and Momo spent the whole morning thinking about the berries that they had discovered the day before. On the way to school, during recess, and after school, they kept thinking about the berries. When they arrived home, the two sisters did not stop talking about them until it was finally time for them to go to the garden. On the way there, they anxiously asked themselves, "What if someone went there and ate all of the berries already?"

As they came closer to the shrub, they noticed it was even more full of berries. They were very happy and ate the berries together, one by one, in delight. They went to play in the garden, and then they returned to the shrub and ate more berries. When it was time to go home, Momo asked, "Shall we take some home?"

"Yes, let's take a few to our parents," Vana answered.

"Not a few! A bunch!" Momo said.

"Okay, let's find something to put them in," Vana suggested.

They searched and searched but found nothing! Then, Momo had an idea, "What if we put them in our dresses?"

"No! In our white dresses, our dresses that are so extremely white? "Vana questioned.

Since they could not find anything else to put the fruit in and they wanted to eat them so badly, they decided to put them in their dresses because it was only for a short time anyway. They arrived home, showered, and had dinner before eating the fruit for dessert. At the end of the night, they prayed and went to sleep.

Vana e Momo passaram a manhã toda antes de irem à escola, pensando nas frutinhas que elas descobriram no dia anterior. No caminho para a escola, no recreio, e depois da escola, elas continuaram pensando nas frutinhas. Quando chegaram em casa as duas irmãs não pararam de falar a respeito até que finalmente era a hora delas irem para o jardim. No caminho muito ansiosas se perguntavam:

– "E se alguém foi lá e comeu todas?"

E chegando perto do arbusto, elas notaram que estava ainda mais repleto de frutas. Ficaram muito felizes e comeram deliciando-se de uma a uma. Brincavam no jardim, mas voltavam no arbusto e comiam mais frutas. Quando era a hora de voltar para casa, perguntou Momo:

– "Vamos levar um pouco para casa?"

– "Sim um pouco para nossos pais." – Respondeu Vana

– "Um pouco não! Um tanto!" – Disse Momo.

– "Ok, então vamos procurar algo para coloca-las." – sugeriu Vana

Elas procuraram e procuraram, mas não encontraram nada! Então Momo teve uma ideia:

– "E se colocarmos em nossos vestidos?"

– "Não! Em nossos vestidos branco, branquíssimos?" – Perguntou Vana.

Mas como não encontraram outra coisa para colocar as frutas e elas queriam muito comer-las. Elas resolveram colocar-las no vestido, pois era somente por pouco tempo de qualquer maneira.

Chegaram em casa, tomaram banho, jantaram, e depois comeram as frutas de sobremesa. No final da noite, oraram e foram dormir

Vana and Momo were so enthusiastic about eating the delicious berries. They ate so quickly, and they always forgot to bring something to carry them in. They always ended up putting the berries in their white dresses, their extremely white dresses. It was like this almost the whole week. On Friday, Vana and Momo were playing in the garden. Right before going to the fruit shrub, a man approached and said, "Good afternoon, girls!" And they answered, "Good afternoon!"

The man warned, "What beautiful dresses! You two look like the flowers in this garden! But you have to be very careful when you eat those fruits that are in the shrub because they can stain your beautiful dresses!"

"Thanks! We are very careful. Are you the owner of the dye shop?" Vana asked.

"Yes, my name is Immanuel," the man replied.

"Yes, we know! You are friends with our parents," Vana said.

"Send my regards to your parents. I have to go to work. Bye, girls!" Immanuel said.

"Lord, are you still going to work? We're going home now!" Momo asked Immanuel.

"Yes, little one! I always work! Day and night." Immanuel replied.

"Wow! Why do you work so hard? "Momo asked, amazed.

"Because people are always dirtying and staining their clothes!" Immanuel replied.

"But my mother washes our clothes. Don't people wash their clothes?" Vana asked.

"Yes, they wash, but there are some stains that only I can remove! Bye, girls," Immanuel replied.

When Lord Immanuel left, the girls went to the shrub to eat and bring berries home. But they were used to putting the berries in their dresses, and that is what they did again.

Vana e Momo estavam tão entusiasmadas para comer as deliciosas frutinhas. Elas comeram tão rápido, e elas sempre que acabaram porém nunca lembravam de levar algo para trazer-las. E sempre acabavam colocando-as em seus vestidos brancos, branquíssimos. E assim foi quase toda a semana. Na sexta-feira, Vana e Momo estavam brincando no jardim. Antes que se dirigissem ao arbusto de frutinhas, aproximou-se um homem e disse:

– "Boa tarde garotas!"

E elas responderam:

– "Boa tarde!"

O Homem advertiu:

– "Que vestidos lindos! Vocês duas parecem as flores desse jardim! Mas vocês têm que ter muito cuidado quando comerem daquelas frutas que estão naquele arbusto, pois elas podem manchar seus lindos vestidos!"

– "Obrigada! Temos muito cuidado, o Senhor é o dono da tinturaria não?" – Vana perguntou.

– "Sim, meu nome é Emanuel." – O Homem respondeu

– "Sim nós sabemos! O Senhor é amigo de nossos pais." – Vana disse.

– "Mandem lembranças minhas a seus pais, tenho que ir trabalhar, tchau meninas!" – Emanuel disse.

– "O Senhor ainda vai trabalhar? Nós já vamos para casa!" – Momo perguntou a Emanuel.

– "Sim pequenina! Eu sempre trabalho! De dia e de noite." – Emanuel respondeu.

– "Wow! Porque trabalha tanto?" – Momo perguntou admirada.

– "Por que as pessoas não param sujar e manchar suas roupas!" – Emanuel respondeu.

– "Mas minha mãe lava nossas roupas. As pessoas não lava suas roupas?" – Vana perguntou.

– "Sim elas lavam, mas existem manchas que só eu posso tirar! Tchal meninas." – Emanuel respondeu

Quando o Senhor Emanuel se foi, elas passaram pelo arbusto para comer e levar frutinha, mas como já estavam acostumadas a colocar as frutinhas em seus vestidos. E mais uma vez fizeram.

On Saturday morning, the sisters stayed home helping their mother Linda. When she came in with the washed clothes, they were disappointed when they saw their white dresses, their extremely white dresses. Every single one of them was stained.

Vana cried loudly when she saw the stained dresses. "Oh, no! Mama, our dresses look like they were not even washed!"

"I did everything that was within my reach, but there are stains that I could not remove!" Linda answered.

"Mommy, the owner of the dye shop said there is no stain he cannot remove! We met him at the Garden of Colors," Momo said.

"Then I'll take every dress there to see if he can help. But you're coming with me to help me carry them because there are many stained dresses," Linda decided.

Arriving at the dye shop, Linda delivered the dresses and asked for at least one clean dress for each of the girls because the next day they were going to church. Vana asked Lord Immanuel, "Lord, can you remove the stains from all of them?"

"First, you must promise not to go near that shrub again! Because your dresses will look the same or worse if you do." Immanuel warned.

"Yes, we promise!" Vana and Momo said together.

Immanuel, looking at them with a peaceful expression, reassured them, "Your dresses will be as good as new!" He knew the girls would try to stay away from the berries but would probably fail; he would remove the stains anyway.

That night the girls went to sleep sweetly and peacefully, trusting in Lord Immanuel's word.

Sábado pela manhã, as irmãs ficaram em casa ajudando a mãe delas, Linda. Quando Linda veio com suas roupas lavadas elas se desesperam quando viram seus vestidos brancos, branquíssimos. Todos os vestidos, todos manchados.

Vana chorou alto quando viu os vestidos manchados:

– "Oh, não! Mamãe nossos vestidos parece que nem foram lavado!"

– Eu fiz tudo que estava ao meu alcance mas tem manchas que eu não pude tirar! – Respondeu Linda.

– "Mamãe, o dono da tinturaria disse que não tem mancha que ele não possa tirar! Nós encontramos com ele no Jardim das Cores." Disse Momo.

Linda decidiu:

– "Então vou levar todos os vestidos para ver se ele resolve. Mas vocês vem comigo para me ajudar a carregar-los, porque são muitos vestidos manchados."

Chegando na tinturaria Linda entregou os vestidos e pediu pelo menos um vestido limpo para cada uma das meninas, para o próximo dia pois era o dia de irem a igreja. Perguntou Vana ao Senhor Emanuel:

– "O Senhor pode tirar as manchas de todos?"

– "Mas antes, vocês precisam prometer não se acercar mais aquele arbusto de frutinhas! Porque seus vestidos irão ficar igual ou pior." Emanuel advertiu.

– "Sim, prometemos!" – Vana e Momo disseram juntas.

Emanuel olhando-as com um olhar de muita paz as tranquilizou:

– "Vocês teráo seus vestidos limpos como novos!" – Ele sabia que elas iriam tentar, mas provavelmente poderiam falhar, mas mesmo assim ele tirou as manchas.

Naquela noite elas foram dormir docemente e tranquilas confiando na palavra do Senhor Emanuel.

On Sunday morning, when they were getting ready to go to church, they were still very sad, "We do not want to go to church with our dresses like this. Mommy, can you go get the dresses for us to wear today? "Vana asked.

"But the dye shop must be closed today. All the stores in town are closed!" Linda replied.

"No, Mommy, Lord Immanuel said he never, ever stops working," Momo said.

Linda went to the dye shop. As the sisters waited, it seemed that each minute lasted a week, as if the time to get their clean dresses would never arrive. After a while, Linda came back without any of the dresses.

The two sisters felt devastated, but they would go to church as they were—wearing their white dresses that were now stained.

When they opened the front door, a wonderful surprise was waiting for them. There he was, waiting outside! Lord Immanuel was holding the dresses in his hands at the door. They were even whiter, extremely white, whiter than before, and they had arrived just in time.

The sisters' eyes shined with joy. They jumped and smiled gratefully because Lord Immanuel did what he had said he would do.

Vana said, "You see, my sunflower! What they say about Lord Immanuel really is true! He does what he promises. He is never late, for his time is the right time! What he does is always better than what was before."

Na manhã de domingo, quando se foram arrumar para irem para a igreja, mais uma vez ficaram muito tristes.

– "Não queremos ir à igreja com nossos vestidos assim. Mamãe, você pode buscar os vestidos para vestirmos hoje?" Perguntou Vana.

A mãe respondeu:

– "Mas hoje a tinturaria deve está fechada, porque todos os comércios da cidade estão fechados!"

Momo disse:

– "Não mamãe, o Senhor Emanuel disse que ele nunca, nunca para de trabalhar."

Linda foi então para a tinturaria. Enquanto as irmãs esperavam, e cada minuto pareciam semanas, como se nunca fosse chegar o momento de ter seus vestidos limpos. Depois de algum tempo, Linda voltou sem nenhum vestidos.

As duas irmãs estavam devastadas, mas mesmos assim elas iriam para a igreja como elas estavam. Com seus vestidos brancos, brancos mas manchados.

Ao abrir a porta da frente, uma linda surpresa as esperava do lado de fora. Senhor Emanuel trazia em suas mãos os vestidos. Eles estavam ainda mais brancos, mais branquíssimos que antes, e bem a tempo.

Os olhos das irmãs brilhavam de alegria. Elas pulavam e sorriam agradecidas ao Senhor Emanuel que fez o que dissera que faria.

Vana disse:

– "Viu meu Girassol! O que falam do Senhor Emanuel realmente é verdade! Ele cumpre o que promete. Ele nunca se atrasa, pois o tempo dele é o tempo certo! O que ele faz sempre é melhor do que um dia já foi."

Dedicated to

My dear childhood and eternal friend, Vana Cardoso

Dedicado para

Para minha querida infância e amiga eterna, Vana Cardoso

Thanks to – Agradecimentos

Jullyen Matos

Flavia Gomes

Real life white dress girls
Meninas de vestido branco da vida real

## About the author

Monica Septimio was born in Brazil and currently lives in the USA. She is a mother, a hairdresser, a writer, and a painter. She is currently volunteering at the children's ministry in her local church, Catedral de Adoração in Waltham, where she lives with her family. Before coming to the USA, she attended the University of Philosophy of Maranhão in Rondon do Para, PA, Brazil, where she studied philosophy for two years. She is currently working by using her paintings as a therapy method. Her other titles include:

*Nothing is Impossible – Nada é Impossível*

*Be Thankful, be thankful – Seja Agradecido*

## Sobre a autora

Monica Septimio nasceu no Brasil e atualmente more nos EUA. Ela é mãe, cabeleireira, escritora, e pintora. Ela atualmente é voluntária no ministério infantil em sua igreja local, Catedral de Adoração em Waltham, onde vive com sua família. Antes de vir a EUA cursou dois anos na Faculdade de filosofia dovMaranhão, em Rondon do Pará, Pará, Brasil. Ela agora está traçando sua carreira para suas pintuaras como método de terapia. Ela também é a escritora de:

*Nothing is Impossible – Nada é Impossível*

*Be Thankful, be thankful – Seja Agradecido*

## Contact the author – Contate a autora

monicaseptimio.com

monica@monicaseptimio.com

Copyright © 2018 Monica Septimio

**Editors**
Jullyen Matos
Cecilia Matos

**Translation**
Jullyen Matos
Sofia Cordoba

**Illustration**
Oil Painting, Monica Septimio

All rights reserved.

No part of this book may be reproduced in any manner without the written consent of the publisher except for brief excerpts in critical reviews or articles.

ISBN: 978-1-61244-698-1
Library of Congress Control Number: 2018911497

Printed in the United States of America

Halo Publishing International
1100 NW Loop 410
Suite 700 - 176
San Antonio, Texas 78213
Toll Free 1-877-705-9647
www.halopublishing.com
e-mail: contact@halopublishing.com

www.ingramcontent.com/pod-product-compliance
Lightning Source LLC
Chambersburg PA
CBHW041437040426

42453CB00021B/2452